《윌크가 들려주는 단짠단짠 디저트의 역사 ❷》 사진 출처

[출처] 셔터스톡 **22쪽** 스콘, 난, 만두 ‖ **34쪽** 송편, 떡국 ‖ **46쪽** 정어리파이 ‖ **60쪽** 파티시에, 케이크 ‖ **74쪽** 바게트, 몽블랑, 도넛 ‖ **86쪽** 도넛, 경찰 ‖ **98쪽** 곰보빵, 멜론빵 ‖ **110쪽** 단팥빵, 크림빵 ‖ **122쪽** 육포, 미숫가루, 청국장
[출처] 위키피디아 **34쪽** 백설기 ⓒ Korea.net (CC BY-SA 2.0) ‖ **110쪽** 소라빵 ⓒ Ocdp (CC0)

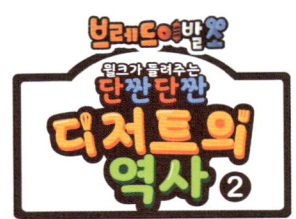

1판 1쇄 인쇄 2021년 3월 15일
1판 1쇄 발행 2021년 3월 25일

글·그림 (주)몬스터스튜디오
구성 및 외주 편집 김선영
펴낸이 송주영
펴낸곳 (주)북센스
편집 장정민, 조윤정
디자인 한수림
마케팅 오영일, 황혜리
출판등록 2019년 6월 21일 제2019-000061호
주소 서울시 은평구 통일로684 서울혁신파크 미래청 401호
전화 02-3142-3044 팩스 0303-0956-3044 이메일 ibooksense@gmail.com

ISBN 978-89-93746-99-0 (64900)
　　　 978-89-93746-94-5 (64900) (세트)

ⓒ (주)몬스터스튜디오

· 저작권법에 의하여 한국 내에서 보호를 받는 저작물이므로 무단 전재 및 복제를 금합니다.
· 책값은 뒤표지에 있습니다.

원작 글·그림 ㈜몬스터스튜디오

브레드이발소
윌크가 들려주는 단짠단짠 디저트의 역사 ②

북센스

캐릭터 소개
윌크

천재 이발사 브레드의 사고뭉치 조수 윌크.

실수투성이에 매사에 덤벙대고 제대로 할 줄 아는 건 하나도 없지만

누구보다 성실하고 모든 일에 열정이 넘친답니다.

《윌크가 들려주는 **단짠단짠 디저트의 역사**》에서는 윌크가 여러분에게

디저트의 유래와 역사, 그와 관련된 다양하고 재미있는 정보를 알려 줘요.

《윌크가 들려주는 **단짠단짠 디저트의 역사**》를 통해 윌크의 박학다식,

지적인 매력을 만나 보세요!

《윌크가 들려주는 단짠단짠 디저트의 역사》 들여다보기

단짠단짠 매력으로 사랑받는 디저트들은 어디서 왔을까? 디저트의 유래와 역사를 재미있는 만화로 만나요!

미로 찾기와 틀린 그림 찾기, 숨은그림찾기, 글자 퍼즐까지, 〈브레드이발소〉 캐릭터들과 함께 신나는 게임을 즐겨요!

맛있는 디저트 속에 담긴 역사와 문화, 과학 상식, 관련된 직업 등 넓고 깊은 배경지식을 쌓아요!

차례

1장 위대한 탄생 **빵의 역사** ········· 9
- 플레이 틀린 그림을 찾아라! ········· 20
- 디저트 상식 각 나라를 대표하는 빵 ········· 22

2장 유대인의 역사와 함께한 빵 **베이글** ········· 23
- 플레이 글자 퍼즐을 풀어라! ········· 32
- 디저트 상식 우리나라의 대표 디저트 '떡' ········· 34

3장 그릇째 먹기 위해 만든 음식? **파이** ········· 35
- 플레이 브레드이발소를 찾아라! ········· 44
- 디저트 상식 세계 최악의 음식 청어리파이? ········· 46

4장 여신에게 바친 선물 **케이크** ········· 47
- 플레이 숨은 그림을 찾아라! ········· 58
- 디저트 상식 빵과 과자를 만드는 직업 '파티시에' ········· 60

5장 전쟁의 승리를 기념하기 위해 만든 빵 **크루아상** ········· 61
- 플레이 숨어 있는 단어를 찾아라! ········· 72
- 디저트 상식 재미있는 빵 이름의 유래 ········· 74

6장 청교도들이 만든 구멍 뚫린 빵 **도넛** ········· **75**
- 플레이 　암호를 풀어 봐! / 길을 찾아봐! ········ **84/85**
- 디저트 상식 　미국 경찰들이 도넛을 좋아하는 이유는? ····· **86**

7장 쿠키 반죽을 얹어 구운 **곰보빵** ············· **87**
- 플레이 　친구들을 만나 봐! / 디저트를 찾아봐! ···· **96/97**
- 디저트 상식 　곰보빵의 진짜 이름은? ·················· **98**

8장 단팥을 넣은 도미 모양 와플? **붕어빵** ········ **99**
- 플레이 　진짜 윌크를 찾아라! ···················· **108**
- 디저트 상식 　일본에서 태어난 단팥빵과 크림빵 ········ **110**

9장 전투 식량에서 간식으로 변한 **건빵** ········ **111**
- 플레이 　필수템을 찾아라! ······················ **120**
- 디저트 상식 　건빵, 육포, 미숫가루의 공통점은? ········ **122**

10장 빵 자르기가 힘들어서 탄생한 **식빵** ········ **123**
- 플레이 　끝말잇기 게임 ························ **132**
- 디저트 레시피 　식빵으로 한입 핫도그 만들기 ·········· **134**

　　플레이 정답 ································ **135**
　　종이접기 ·································· **140**
　　디저트 카드 ································ **143**

일러두기

* 디저트와 재료의 이름은 국립국어원의 외래어 표기법을 따랐습니다. 규범 표기가 확정되지 않은 단어는 일반적으로 널리 사용하는 단어를 썼습니다.
* 의성어와 의태어는 국립국어원 표준국어대사전의 표기법을 원칙으로 하였으나, 내용과 분위기에 영향을 준다고 판단되는 부분은 작가의 표현을 그대로 두었습니다.
* 애니메이션 〈브레드이발소〉 작품 속에서 고유 명사로 사용되는 단어는 띄어쓰기하지 않았습니다.
* 책에 사용된 사진은 2쪽에 출처를 밝혔습니다.

1장

+ 위대한 탄생 +
빵의 역사

빵은 인기만큼이나 역사도 오래됐고 종류도 다양하답니다.

이제부터 빵이 어떻게 탄생했고 발전했는지 알려 줄게요!

최초의 빵은 석기 시대에 만들어졌어요.

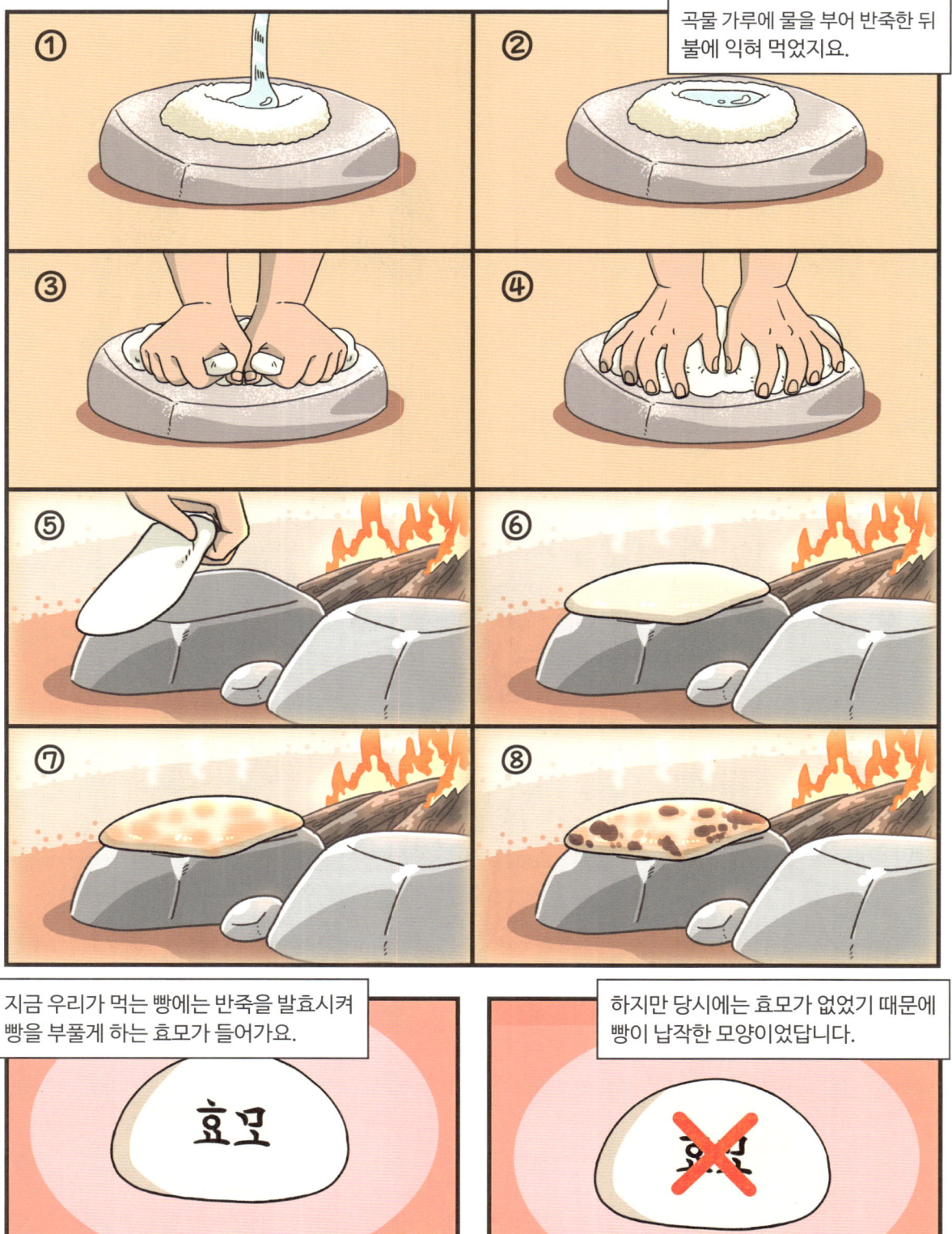

이집트 사람들은 이 발효 빵을 '신의 선물'이라 부르며 좋아했어요.

와아! 맛있다! 최고야!

고대 그리스 시대에 이르러 제빵 기술이 더욱 발전하게 되는데 바로 오븐이 발명되었기 때문이에요.

로마 시대에는 로마 제국의 번영과 함께 빵 제조법도 널리 퍼졌어요.

그리고 일반인들을 대상으로 빵을 만들어 파는 제빵사도 이때 생겨났다고 해요.

로마

지중해

도시 안에는 200개가 넘는 빵집이 생겨났고 제빵 학교나 빵 공장도 만들어졌어요.

이로 인해 제빵사들의 지위는 올라가고 빵의 대량 생산도 이루어집니다.

로마 제국이 멸망하고 기독교가 유럽에 전파되면서, 빵도 유럽 전역에 퍼지게 됩니다.

중세 시대에는 사회 계급이 빵에 반영되었는데 귀족은 부드러운 흰 빵을, 평민은 까칠까칠한 검은 빵을 먹었어요.

나도 저렇게 부드러운 흰 빵을 먹어 봤으면…

시커먼 빵을 이 분필로 하얗게 칠하면 부드러워질 거야.

흰 빵이 먹고 싶었던 평민이 석고나 분필로 가짜 흰 빵을 만들어 먹고 죽는 경우도 있었답니다.

14~16세기에 유럽을 휩쓴 문화 운동 르네상스가 일어나면서 빵 만드는 기술은 크게 발전해요.

틀린 그림을 찾아라!

오늘도 바쁜 **브레드이발소**의 모습이에요.
왼쪽 그림과 오른쪽 그림을 비교해 보고,
틀린 곳을 5군데 찾아보세요.

*정답은 136쪽에서 확인하세요!

① 브레드 사장님이 무엇으로 손님의 머리를 꾸며 주고 있나요?
② 수건은 모두 몇 개가 있을까요?
③ 선반 위가 왠지 휑해 보이네요.
④ 초코의 사진을 잘 살펴봐요.
⑤ 열심히 바닥을 닦고 있는 건 누구?

각 나라를 대표하는 빵

디저트 상식

영국 스콘
영국의 전통 빵으로 주로 티타임에 홍차와 함께 먹어요. 맛이 담백해서 잼이나 버터 등을 발라서 먹지요. 스콘이라는 이름은 '깨끗한, 순수한'이라는 뜻을 가진 중세 네덜란드어 스쿤(schoon)과 '빵'을 뜻하는 보로트(brood)가 결합되어 '질 좋은 빵'이라는 뜻의 스쿤보로트(schoonbrood)에서 비롯되었다는 설이 있어요.

인도 난
난은 밀가루 반죽을 탄두르라고 하는 화덕에 구워서 만든 인도의 전통 빵이에요. 평평하고 납작한 모양에 쫄깃하고 담백한 맛으로, 주로 인도식 수프나 카레 등에 찍어 먹어요. 또는 여러 가지 재료들을 올려서 싸 먹기도 하지요. 난과 비슷하지만 발효시키지 않고 굽는 차파티라는 음식도 있어요. 난은 원래 '빵'이라는 뜻의 페르시아어이지만 인도, 파키스탄, 아프가니스탄 등지에서도 쓰고 있답니다.

중국 만두
만두는 우리나라와 중국, 일본 등 여러 나라에서 즐겨 먹는 음식이지만 최초의 만두는 중국에서 만들어졌어요. 중국에서는 우리나라와 다르게 소를 채우지 않고 찌거나 구운 찐빵과 비슷한 음식을 만두라고 하지요. 만두는 중국 삼국 시대의 전략가 제갈량이 밀가루로 사람의 머리 모양을 만들어 제사를 지낸 일에서 유래했다고 전해져요.

2장

+ 유대인의 역사와 함께한 빵 +
베이글

그리고 끓는 물에 반죽을 익힌 뒤 오븐에 구워 내는 빵으로 변형됩니다.

하지만 이 제조법을 베이글로 만들어 낸 것은 유대인들이었어요.

15세기 프랑스와 독일 등 서유럽에 살고 있던 유대인들은 종교 때문에 차별을 받고 그 땅에서 쫓겨나게 됩니다.

그렇게 쫓겨난 유대인들은 동쪽으로 향했어요.

아이고, 다른 곳으로 갑시다!

절망하고 있던 유대인들 앞에 폴란드 국왕이 나타났어요.

폴란드의 국왕인 나 얀 소비에스키는 유대인들의 이주를 허락하노라!

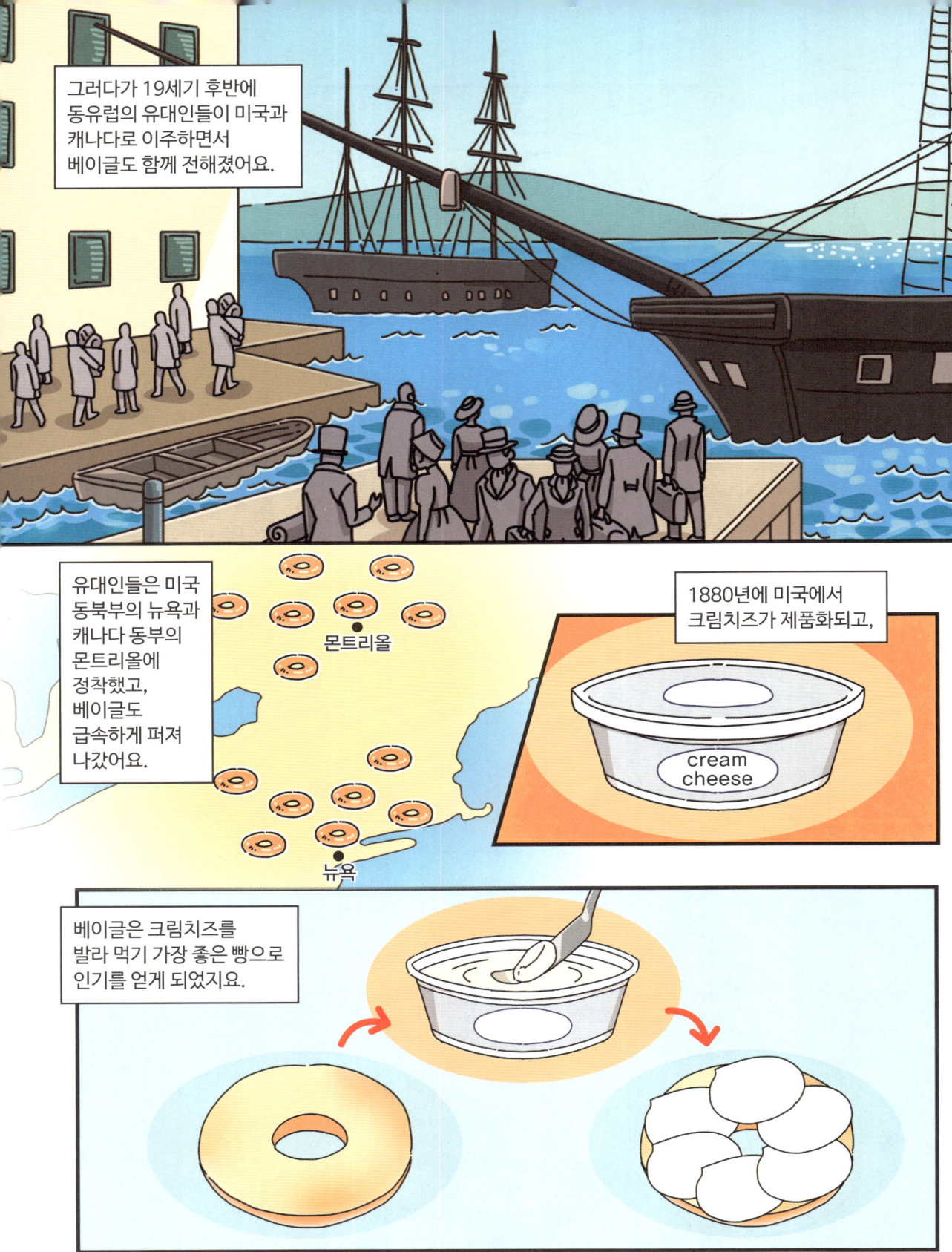

글자 퍼즐을 풀어라!

 **가로 열쇠**

1. 이탈리아의 수도이며 교황청이 자리한 도시.
2. 고대 이집트 왕의 무덤으로 거대한 사각뿔 모양의 건축물.
3. 영국을 대표하는 빵으로 주로 티타임에 홍차와 함께 먹는 빵.
4. 햇빛으로부터 눈을 보호하기 위해 쓰는 색깔 있는 안경.
5. 독일을 대표하는 빵으로 기도하는 손 모양을 본떠 만든 빵. 베이커리타운의 순경 이름.
6. 중국 삼국 시대의 전략가 제갈량이 밀가루로 사람의 머리 모양을 만들어 제사를 지낸 일에서 유래된 음식으로 중국을 대표하는 빵.

 **세로 열쇠**

1. 두 개의 동그란 쿠키 사이에 잼이나 크림 등을 채운 프랑스의 대표적인 디저트. 베이커리타운 최고의 아이돌 이름.
2. 동화 속 주인공으로 거짓말을 하면 코가 자라나는 나무 인형의 이름.
3. 음악가가 청중들에게 악기 연주를 들려주거나 노래를 불러 주는 행사.
4. 콜라나무의 씨를 원료로 해서 만든 탄산음료.
5. 휴대 전화에 컴퓨터의 여러 가지 기능을 추가한 기계.
6. 바이올린보다 크고 네 줄로 되어 있으며 주로 의자에 앉아 악기를 무릎 사이에 끼고 연주하는 악기.
7. 중국의 성벽 유적으로 유네스코 세계 문화유산으로 지정된 세계에서 가장 긴 건축물.

디저트와 **상식**에 관련된 가로세로 열쇠를 읽고 글자 퍼즐을 풀어 보세요.

*정답은 136쪽에서 확인하세요!

우리나라의 대표 디저트 '떡'

베이글이 오래전 유대인들에 의해 탄생한 음식인 것처럼 우리나라에도 전통적인 디저트가 있어요. 그중 가장 대표적인 것이 바로 '떡'이에요. 떡은 곡식 가루를 찌거나 빚어서 만든 음식으로 우리나라뿐 아니라 쌀을 주식으로 하는 여러 나라에서 만들어 먹었어요. 하지만 떡의 재료, 만드는 방법, 모양 등은 각각 다르게 발전했지요.

우리 조상들에게 떡은 단순히 맛있는 간식을 넘어 여러 의미를 담은 음식이었어요. 새해를 맞이하는 설날에 먹는 떡국은 가래떡을 얇고 동그랗게 썰어 끓인 것으로 새해를 깨끗한 마음으로 맞이한다는 의미가 담겨 있어요. 또 추석에 먹는 송편에는 한 해의 농사를 마무리하며 추수를 감사하는 마음이 담겨 있지요. 아기의 한 살 생일을 맞을 때는 하얀 백설기나 붉은 수수경단을 준비해 아이의 건강을 기원했어요.

한동안은 빵과 서양식 디저트가 큰 사랑을 받으면서 떡이 점차 잊혀져 가는 전통 음식으로 여겨지기도 했어요. 하지만 오늘날 떡은 더욱더 다양하고 새로운 모습으로 발전하며 사랑받고 있답니다.

▲송편　　▲떡국　　▲백설기

3장

+ 그릇째 먹기 위해 만든 음식? +
파이

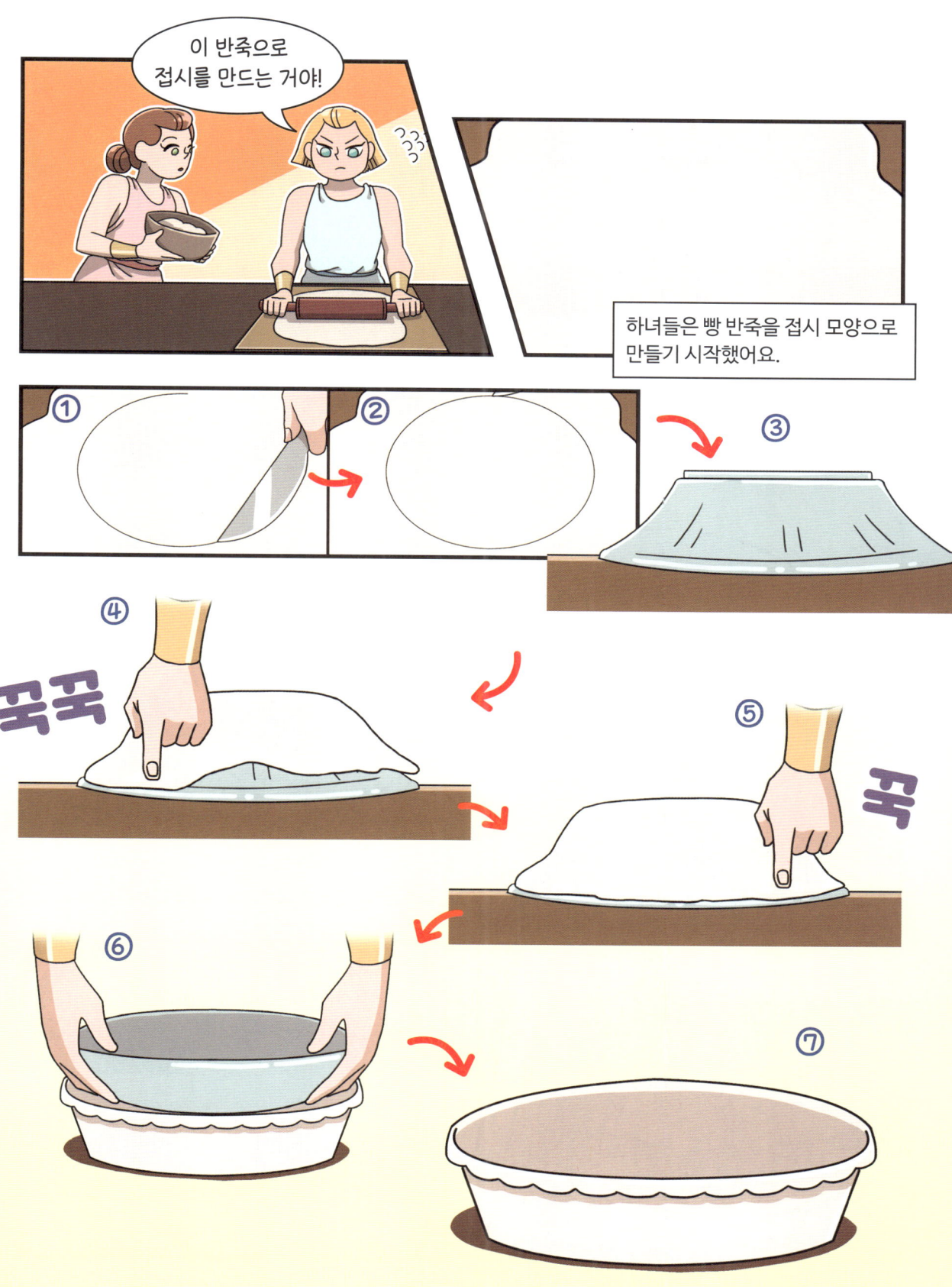

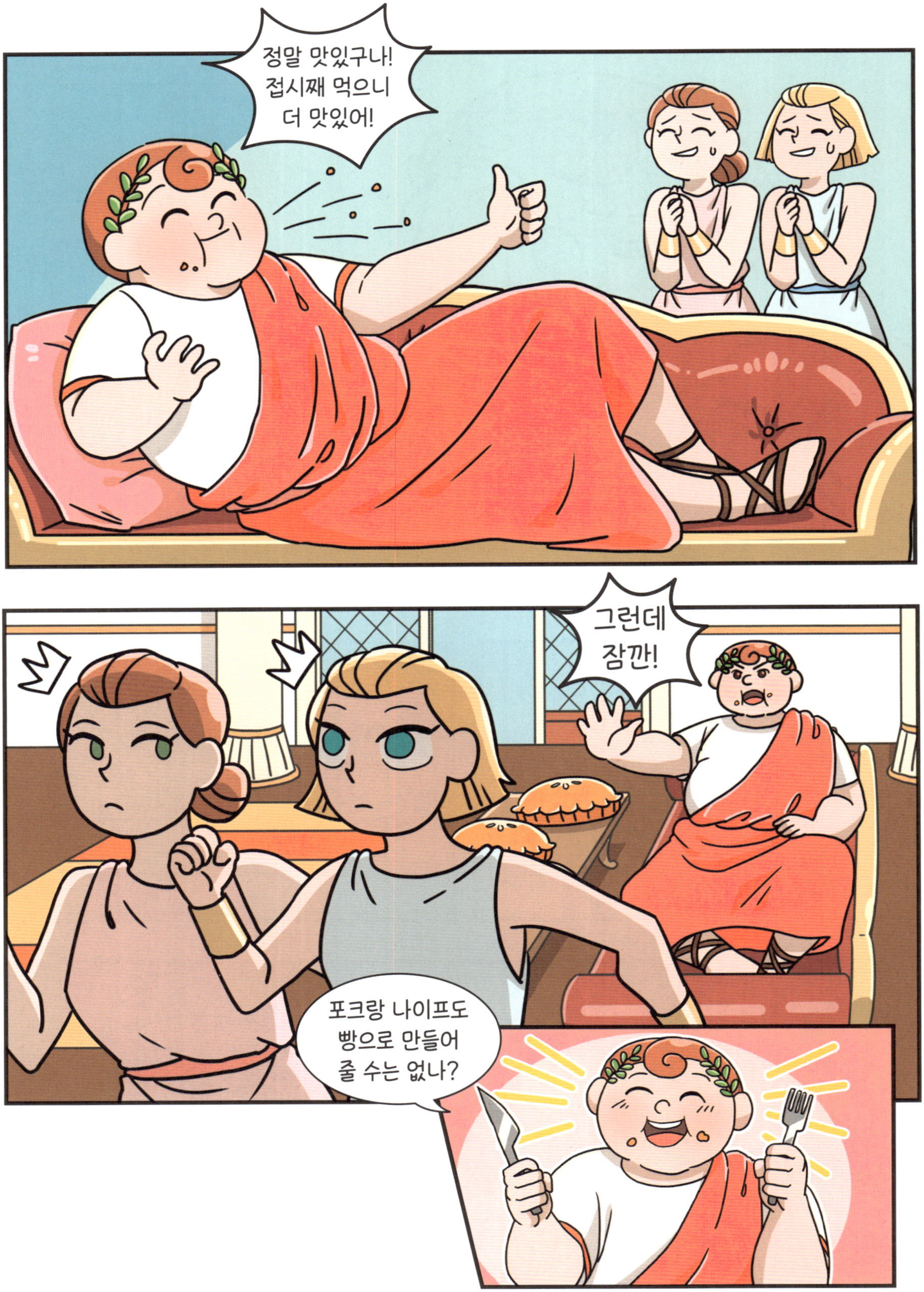

브레드이발소를 찾아라!

*정답은 136쪽에서 확인하세요!

우락부락 험상궂은 파이가 이미지 변신을 위해 브레드이발소를 찾아가려고 해요. 어떻게 길을 찾을 수 있을까요?

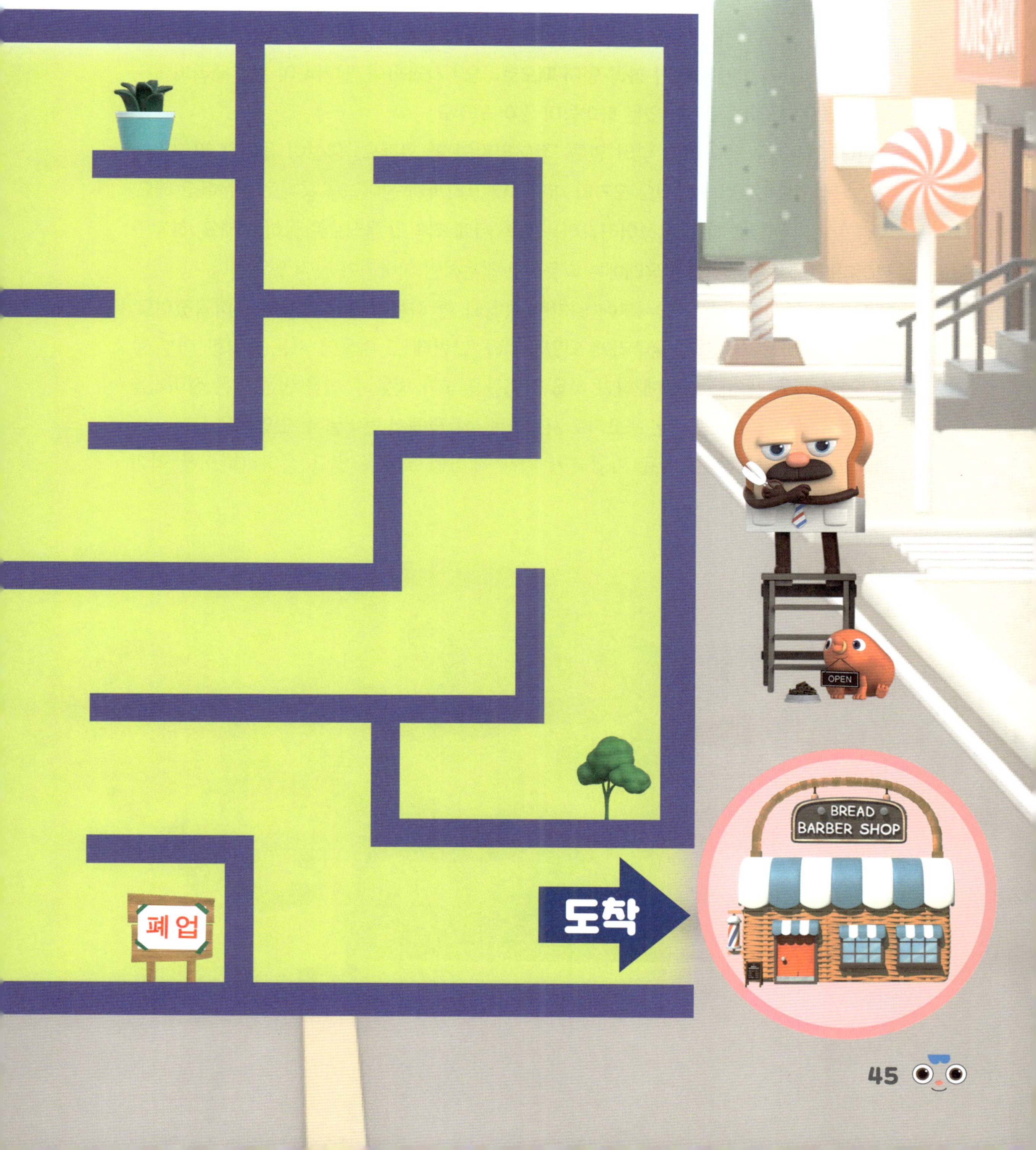

폐업

도착

BREAD BARBER SHOP

세계 최악의 음식 정어리파이?

'파이'라고 하면 어떤 파이가 가장 먼저 떠오르나요? 사과파이, 딸기파이, 블루베리파이⋯. 생각만 해도 군침이 도는 맛있는 파이들이 많이 있어요.

그런데 영국에는 정어리를 넣어 만든 '정어리파이'가 있대요. 생선이 들어간 파이라니 조금 낯설지요? 그런데 그것도 모자라 머리부터 꼬리까지 정어리를 통째로 넣는다고 해요. 낯설고 기괴한 모습 때문에 정어리파이는 종종 세계 최악의 음식으로 꼽히곤 해요. 하지만 정어리파이가 탄생하게 된 유래에는 따뜻하고 감동적인 이야기가 담겨 있답니다.

16세기경 영국 잉글랜드 남서부에 위치한 콘월의 한 마을에 겨울 폭풍이 몰아닥쳤어요. 이로 인해 마을 사람들은 굶주리게 되었답니다. 그런데 그 마을에 사는 용감한 어부 한 명이 눈보라를 헤치고 바다에 나가 마을 사람들 전부가 먹을 수 있을 만큼 많은 정어리를 잡아 온 거예요. 그가 잡아 온 물고기로 사람들은 굶주림에서 벗어날 수 있었지요.

이후 마을 사람들은 그 일을 기념하기 위해 해마다 축제를 열고 정어리파이를 먹기 시작했다고 해요.

유래를 알고 보니 정어리파이가 다르게 보이지 않나요?

4장

+ 여신에게 바친 선물 +
케이크

뒤적뒤적

보석? 황금? 비싼 옷감? 난 여신께 무얼 바치지?

동전 몇 푼으로 그런 걸 살 수 있을 리가 없지.

제빵사는 여신에게 멋진 선물을 주고 싶었지만, 가진 돈이 없어 낙담했어요.

아!

제빵사는 주방에 있는 밀가루를 보고 좋은 생각이 떠올랐어요.

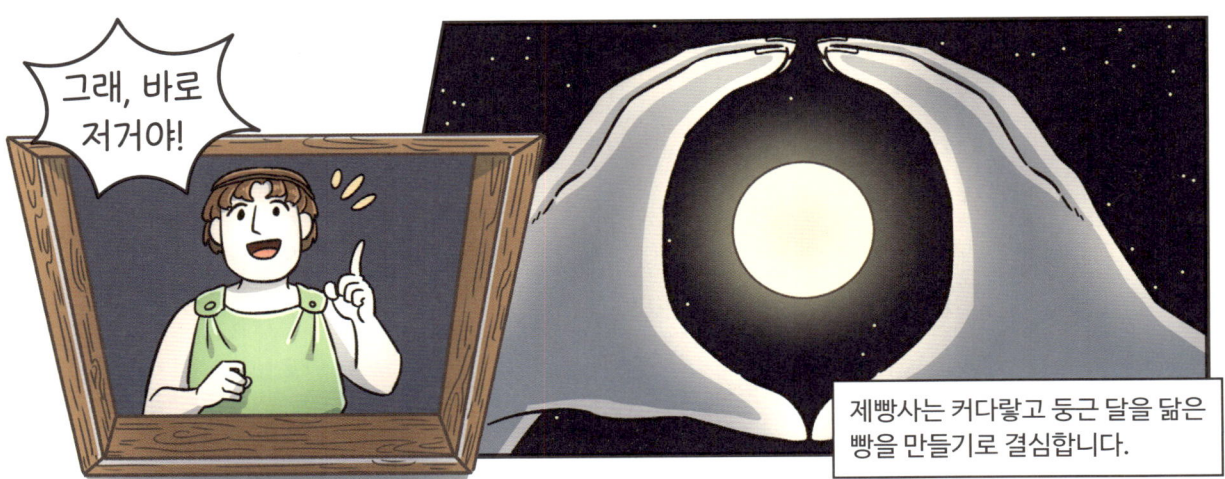

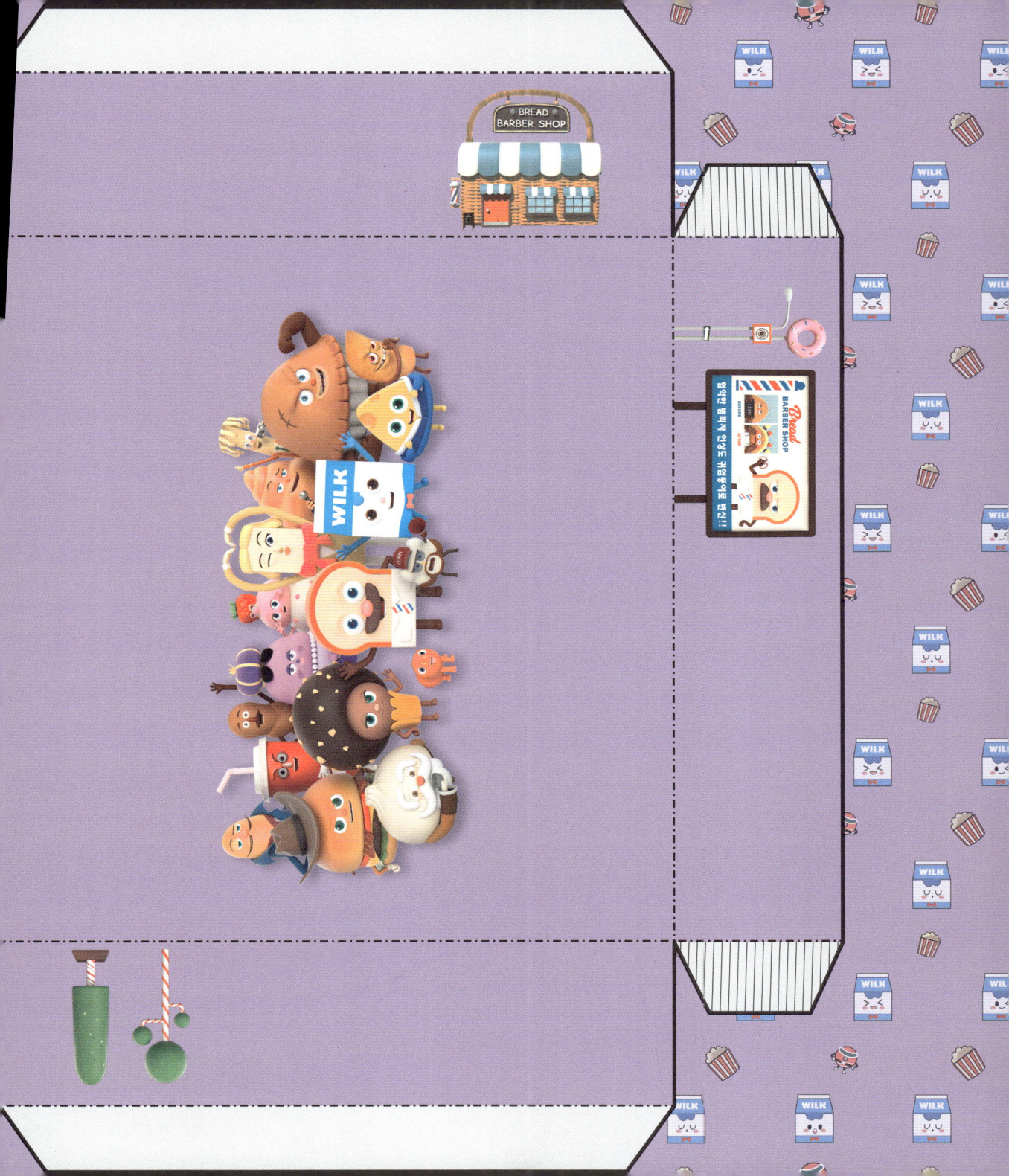

숨은 그림을 찾아라!

케이크 왕궁에서 브레드는 뭘 하고 있는 걸까요? 곳곳에 숨어 있는 **7개의 숨은 그림**을 찾아봐요.

찾을 것
- 화살
- 양말
- 모자
- 네잎클로버
- 우산
- 머그 컵
- 베이글

*정답은 137쪽에서 확인하세요!

빵과 과자를 만드는 직업 '파티시에'

빵, 케이크, 쿠키, 파이 등 다양한 빵과 디저트를 만드는 직업을 파티시에라고 해요. 제과제빵사라고 부르기도 하고, 빵을 전문으로 만드는 사람을 제빵사, 케이크와 파이 등을 만들고 장식하는 사람을 제과사라고 분류하기도 하지요. 파티시에(pâtissier)는 프랑스어로 '페이스트리 요리사'를 뜻해요. 페이스트리는 여러 겹의 층과 결로 된 과자나 빵의 이름이랍니다.

파티시에가 되려면 맛을 느끼는 예민한 감각과 함께 아름다운 제품을 만들기 위한 예술적 감각이 필요해요. 이전에는 없었던 새로운 빵과 디저트를 개발할 수 있는 상상력과 창의력도 있어야 하지요. 파티시에가 되기 위해서는 고등학교나 대학교, 학원 등에서 제과제빵학과 식품가공학 등을 공부해야 해요. 그 후에 제과 제빵 관련 자격증을 따면 파티시에가 필요한 호텔, 레스토랑, 베이커리, 식품 회사 등에서 일할 수 있답니다.

파티시에가 된다면 어떤 디저트를 만들고 싶은지 생각해 봐요!

5장

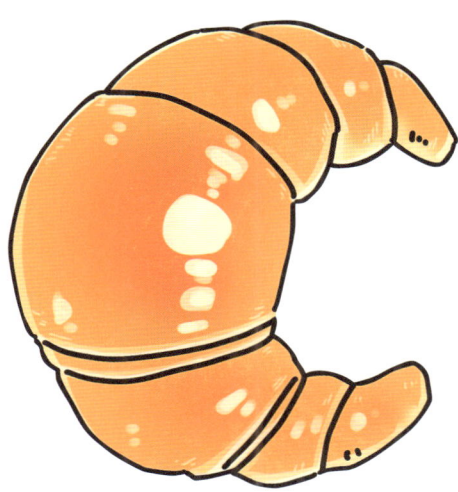

+ 전쟁의 승리를 기념하기 위해 만든 빵 +

크루아상

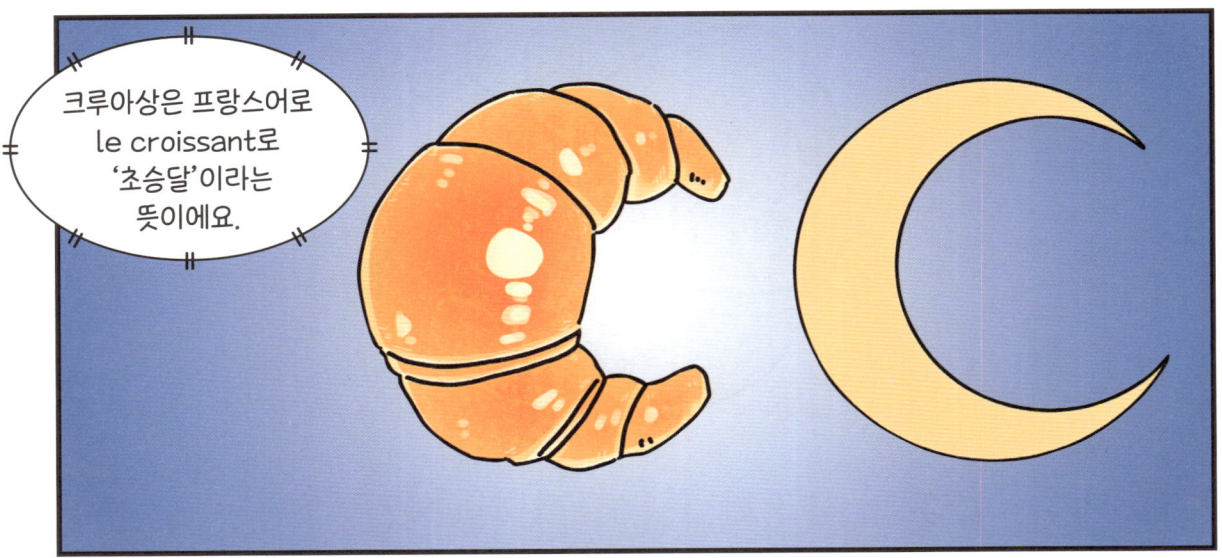

1683년 오스트리아의 수도 빈에 터키 군대가 쳐들어와 오스트리아와 터키는 전쟁을 하게 되었어요.

터키는 많은 군대를 동원해 오스트리아의 성을 포위했답니다.

포위된 성안의 사람들은 굶주리기 시작했어요.

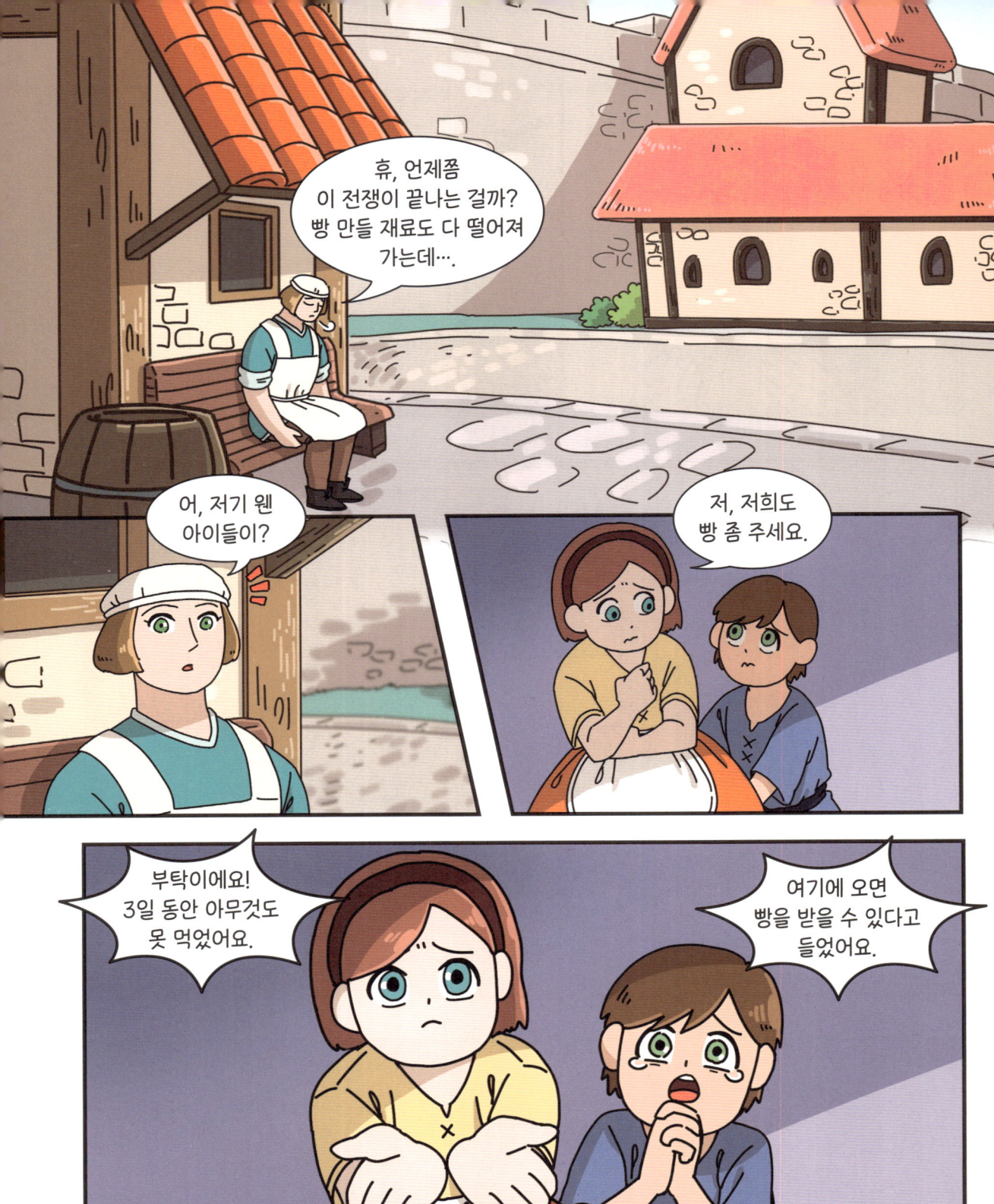

숨어 있는 단어를 찾아라!

디저트와 관련된 단어를 찾아 칸을 색칠해 보세요.
모두 찾아서 색칠하면 숨겨진 글자를 볼 수 있어요.

분홍색			텔레비전	강아지
웃음	옷핀 / 달콤하다		연못 / 풍선	
	핫도그	창문	감자칩	아이스크림
바다		붕어빵	쫄깃하다 / 나무 / 물감	
	도넛	크루아상	바삭하다	
	친절	치즈	컵	
행복	건빵	떡	스콘	버터
	색연필			튤립
향기			티라미수	초코
청소	브레드	책상		초록색
		간식		프레첼

*정답은 137쪽에서 확인하세요!

학교	동화책	마음	
햇빛		별사탕	파랑색
수첩	컵케이크	마카롱	춤
우산	감사	미소	나비	티타임	아이돌
공		꽃잎	노랑색		
스마트폰	파이	솜사탕	모자
사랑	샌드위치		
언덕	도서관		기차
구슬	곰 인형	보라색	가방	젤리	리본
수	컴퓨터		안경
색종이	쿠키	베이글	감자칩

재미있는 빵 이름의 유래

바게트

바게트는 프랑스어로 '지팡이' 혹은 '막대기'라는 뜻이에요. 그 이름처럼 가늘고 기다란 모양을 가지고 있지요. 바게트는 제빵사들이 아침 식사 시간에 맞춰 빨리 구울 수 있는 빵을 고민하다가 만들어졌어요. 바게트가 나오기 전, 프랑스 사람들은 아침으로 커다랗고 둥근 빵을 먹었는데 바게트가 만들어지면서 제빵사들이 더 빨리 빵을 구울 수 있게 되었지요.

몽블랑

몽블랑이라는 디저트를 알고 있나요? 몽블랑은 밤을 주재료로 한 디저트예요. 삶은 밤을 으깨서 크림으로 만든 다음, 국수 같은 면 형태로 짜서 산처럼 쌓아요. 그 위에 하얀 슈거 파우더를 뿌려 장식하지요. 몽블랑의 이름도 그 모양에서 따온 것이에요. 몽블랑은 프랑스어로 '하얀 산'을 뜻하거든요.

도넛

도넛은 원래 반죽을 뜻하는 도우(dough) 위에 땅콩, 아몬드 같은 견과류를 의미하는 너츠(nuts)를 얹었다는 뜻에서 '너츠 오브 도우(Nuts of dough)'라고 불렸어요. 밀가루 반죽을 기름에 튀길 때 가운데가 잘 익지 않으니 가운데에 구멍을 내거나 견과류를 넣어서 익혔던 거예요. 그러다가 시간이 지나면서 도넛이 된 것이지요.

6장

+ 청교도들이 만든 구멍 뚫린 빵 +

도넛

처음으로 밀가루 반죽을 기름에 튀긴 빵을 만든 것은 네덜란드 사람들이었다고 해요.

하지만 그때의 도넛은 지금과 같은 모양이 아닌, 그저 기름에 튀긴 동그란 빵이었어요.

지글지글

도넛이 지금의 모양을 가지게 된 것은 네덜란드 청교도들이 종교의 자유를 찾아 항해하면서부터랍니다.

청교도란 기독교의 한 교파로 청렴하고 도덕적인 생활을 강조하던 사람들이에요.

어느 폭풍우 치는 밤, 네덜란드 청교도들은 배를 타고 미국으로 가고 있었어요.

핸슨의 예상대로 도넛은 속이 덜 익고 말았어요.

핸슨은 이렇게 가운데에 구멍이 뚫린 도넛을 만들었어요. 구멍 뚫린 도넛은 속까지 아주 잘 익었죠.

핸슨이 도넛을 나눠 주자 사람들은 맛있게 먹었답니다.

청교도들은 구멍 뚫린 맛있는 도넛을 먹으며 무사히 미국까지 도착할 수 있었어요.

어려운 상황에서도 승객들에게 맛있는 도넛을 만들어 주려 했던 핸슨의 노력이 정말 대단하죠?

여러분도 핸슨처럼 포기하지 않고 노력하다 보면 좋은 결과를 얻을 수 있을 거예요!

암호를 풀어 봐!

글자를 그림으로 표현한 암호예요.
잘 보고 암호를 풀어 보세요.

하	드	바	팅	브
소	차	레	예	파
노	트	물	이	커
베	크	내	발	다

[암호문장]

*정답은 137쪽에서 확인하세요!

길을 찾아봐!

아래 주어진 화살표의 방향과
칸 수만큼 움직여서 길을 찾아보세요.

→5　↓2　←4　↓2　→4　↓1

미국 경찰들이 도넛을 좋아하는 이유는?

미국 영화나 드라마를 보면 경찰들이 쉬는 시간에 도넛을 먹는 모습을 많이 볼 수 있어요. 순찰을 돌거나 잠복을 할 때도 손에 도넛을 들고 있을 때가 많지요. 미국 경찰들은 왜 이렇게 도넛을 좋아하는 걸까요?

미국에서 경찰과 도넛이 떼려야 뗄 수 없는 관계가 된 데에는 이유가 있답니다. 지금은 24시간 운영하는 편의점이나 패스트푸드점이 많지만 예전에는 24시간 운영하는 가게가 도넛 가게뿐이었다고 해요. 그런데 24시간 영업을 하다 보니 늦은 밤에 도둑이나 강도들이 도넛 가게를 터는 일이 자주 발생했지요. 그래서 도넛 가게에서는 범죄자들이 주로 활동하는 늦은 시간에 순찰하고 있는 경찰들에게 무료로 도넛과 커피를 나눠 주었어요. 물론 거기에는 시민의 안전을 위해 수고하는 경찰에 대한 존경의 의미도 담겨 있었지요. 경찰들이 도넛 가게에 자주 드나들자 범죄자들은 더 이상 도넛 가게에 얼씬거릴 수 없게 되었어요. 게다가 도넛은 빠르고 간편하게 먹을 수 있기 때문에 경찰들이 휴식 시간에 즐겨 먹는 간식이 된 것이에요.

7장

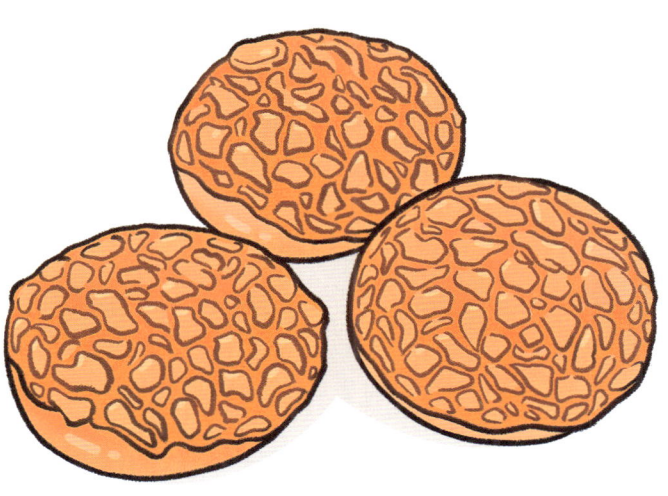

+ 쿠키 반죽을 얹어 구운 +
곰보빵

그는 러시아 왕실 요리사 출신으로 제빵 실력이 아주 뛰어났어요.

이반의 빵은 하얼빈에서 아주 인기가 많았답니다. 그래서 그는 언제나 쉴 틈 없이 바빴어요.

이반 요리사!

하얼빈에서 가장 큰 부자인 안드레아 씨가 쿠키를 주문했네.

대량 주문이 갑자기 취소되는 바람에 이반은 밤새 만든 쿠키 반죽을 버리게 되었지요.

빵이 없잖아요!

쿠키만 먹으라는 거야?

빵 대신 쿠키만 팔 수도 없고.

그렇다고 버리자니 너무 아까워.

이걸로 빵을 만들 수도 없고….

어? 잠깐만!

그래, 쿠키 반죽을 빵 위에 올려 보는 거야!

친구들을 만나 봐!

곰보빵이 친구들을 만나려고 해요. 표지판에 있는 순서대로 만날 수 있도록 선을 연결해 보세요.

*정답은 138쪽에서 확인하세요!

디저트를 찾아봐!

아래 글자판에서 빵 이름을 찾아보세요.
모두 몇 개의 빵 이름이 있을까요?

베	기	게	스	크	모	라	포
이	리	도	넛	송	홍	시	카
글	햄	멜	타	콩	치	버	감
롤	자	곰	보	빵	파	크	그
아	파	터	손	체	게	루	마
토	이	너	론	핫	초	아	커
즈	코	붕	어	빵	무	상	링
피	김	핑	연	식	빵	칩	두

*정답은 138쪽에서 확인하세요!

97

곰보빵의 진짜 이름은?

곰보빵은 여러 가지 이름으로 불려요. 곰보빵, 소보로빵, 멜론빵, 못난이빵…. 모두 같은 빵인데 왜 이렇게 이름이 많은 걸까요? 또 진짜 곰보빵의 이름은 무엇일까요?

먼저 우리나라 국립국어원에서 정한 정식 명칭은 '곰보빵'이에요. '밀가루에 설탕, 달걀, 버터 따위를 섞어서 반죽하여 표면을 오톨도톨하게 구워 낸 빵'이라고 설명하고 있지요. 곰보란 얼굴에 우묵우묵한 얽은 자국이 있는 사람을 낮잡아 이르는 말인데 빵 위에 쿠키 반죽이 구워지면서 오톨도톨하게 올라온 모양이 곰보 자국과 비슷하다고 해서 지어진 이름이에요. 못난이빵이라는 이름 역시 이 오톨도톨한 모양이 못났다고 해서 붙여졌지요.

소보로빵에서 '소보로'는 일본어로 '생선이나 고기 등을 으깨어 양념한 다음 지져 낸 식품 또는 머리칼 등이 얽힌 모양'을 뜻하는 단어예요. 일제 강점기 때에 일본 사람들이 부르던 것이 그대로 사용되면서 우리나라에서도 소보로빵이라고 불렸답니다.

멜론빵은 빵 위에 쿠키 반죽을 멜론 껍질의 그물 모양처럼 모양을 낸 것에서 유래되었어요. 재료와 맛은 곰보빵과 똑같지만 이 모양 때문에 멜론빵이라고 하는 것이지요.

이름은 달라도 바삭한 식감에 달콤한 맛은 똑같아요!

8장

+ 단팥을 넣은 도미 모양 와플? +
붕어빵

그러면서 다양한 서양 음식들도 전해졌지요.

그중에서도 와플은 큰 인기를 끌었답니다.

도쿄에서 풀빵 가게를 운영하던 고베 기요지로는 고민이 많았어요.

새로 생겨난 와플 가게들 때문에 장사가 안 되잖아.

도미는 일본에서 생선의 왕이라고 불릴 정도로 사람들에게 인기가 많았답니다.

그 모습을 본 고베는 좋은 생각이 떠올랐어요.

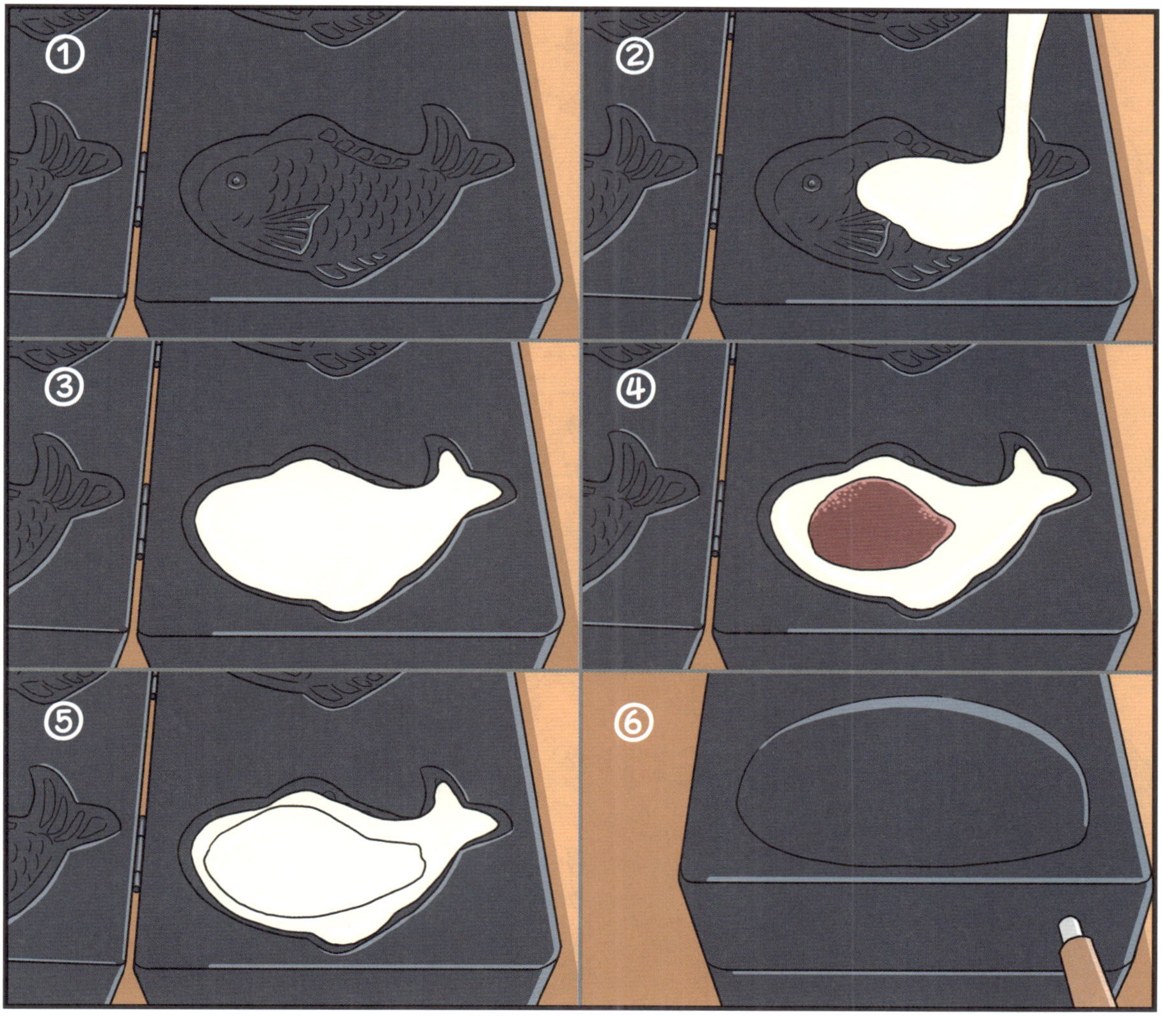

그는 도미 모양으로 빵틀을 주문한 뒤, 빵틀에 밀가루 반죽을 넣고, 단팥을 넣었어요. 단팥이 깔끔하게 들어간 도미 모양의 와플이 완성되었죠.

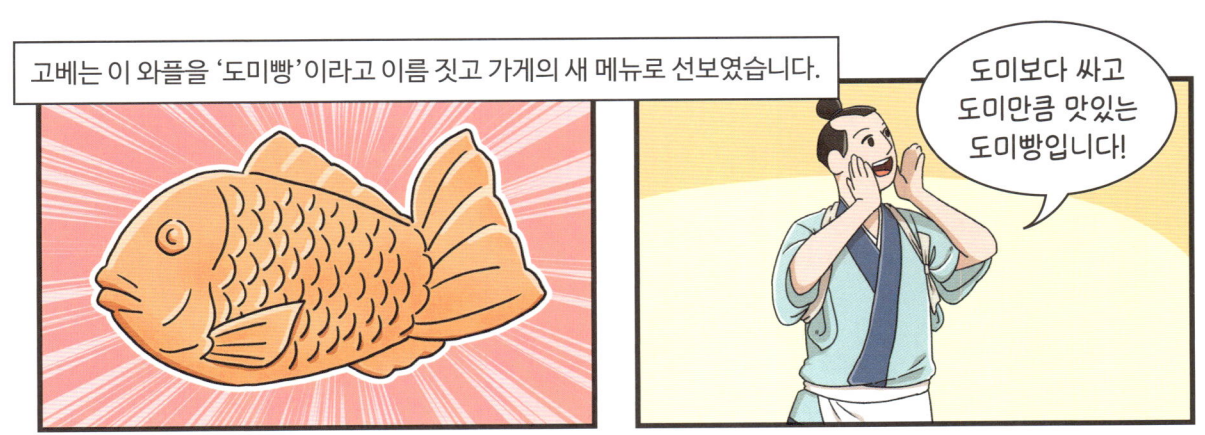

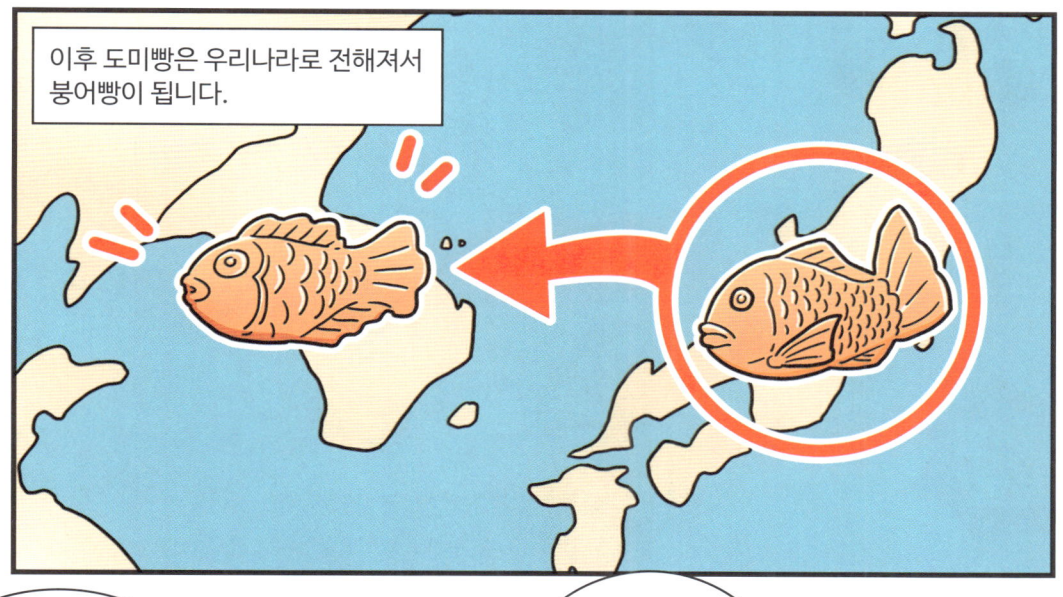

진짜 윌크를 찾아라!

진짜 윌크의 인상착의

- 도넛레인저 피규어를 들고 있어요.
- 분홍색 나비넥타이를 했어요.
- 누군가를 향해 손을 흔들고 있어요.

베이커리타운에 갑자기 윌크가 많아졌어요!
이 중에 진짜 윌크는 과연 누구일까요?
아래 윌크의 모습과 똑같은 진짜 윌크를 찾아봐요.

*정답은 138쪽에서 확인하세요!

일본에서 태어난 단팥빵과 크림빵

빵집에 가면 흔히 볼 수 있는 단팥빵, 크림빵, 소라빵 등이 일본에서 만들어진 빵이라는 것을 알고 있나요? 빵은 원래 서양 음식인데 일본에서 처음 만들어졌다니 신기하지요.

붕어빵 이야기에서 소개한 것처럼 일본은 19세기 말 서양 문물을 받아들이기 시작했어요. 주변의 다른 나라들과 다르게 적극적으로 서양 문화를 받아들인 일본은 의식주를 비롯한 모든 분야가 빠르게 변화했어요. 그로 인해 빵과 디저트를 먹는 음식 문화도 일찍 정착했고, 일본 음식에 서양 음식을 결합하거나 응용한 음식들이 나오기 시작했지요.

그렇게 등장한 것이 단팥빵과 크림빵, 소라빵이에요. 원래 일본에는 팥을 삶아 으깨서 설탕을 넣은 단팥을 이용한 디저트들이 많이 있었어요. 일본인들이 좋아하는 단팥에 빵을 결합해 단팥빵을 만든 것이지요. 또 같은 방식으로 빵에 잼이나 크림 등을 넣어 만든 것이 잼빵, 크림빵이에요. 속이 빈 소라 모양의 빵 속에 초코 크림을 넣은 소라빵 역시 비슷한 시기에 빵과 초콜릿이 일본에 전파되면서 만들어진 것이랍니다.

▲ 단팥빵

▲ 크림빵

◀ 소라빵

9장

+ 전투 식량에서 간식으로 변한 +
건빵

군인들이 먹는 간식하면 빼놓을 수 없는 게 바로 건빵이에요.

이 퍽퍽한 건빵은 언제부터 먹었을까요?

고대 이집트 사람들은 배를 타고 먼 거리를 항해하며 무역을 했어요.

이때 '두유라'라는 이름의 딱딱한 과자를 먹었다고 해요.

두유라

두유라는 수분이 거의 없어서 잘 상하지 않기 때문에 오래 보존이 가능했어요.

시간이 흘러 두유라는 로마로 전해졌어요.

로마 사람들은 밀가루에 물과 소금을 넣어 반죽하고 낮은 온도에 두 번 구워서 수분을 모두 뺀 두유라와 비슷한 빵을 만들었지요.

그 빵의 이름은 부클럼이에요.

부클럼

아주 딱딱하고 맛이 없는 이 빵은 주로 군용 식량으로 사용됐어요.

15세기에 대항해 시대가 시작되고, 장거리 항해술이 발달하며 새로운 보존 식품으로 '쉽비스킷'이 만들어집니다.

쉽비스킷

쉽비스킷은 더 오래 보존하기 위해 불에 4번이나 구웠어요.

19세기 일본은 서양 문물을 받아들이며 서양 해군의 전투 식량도 수입했어요. 그게 바로 쉽비스킷이었어요.

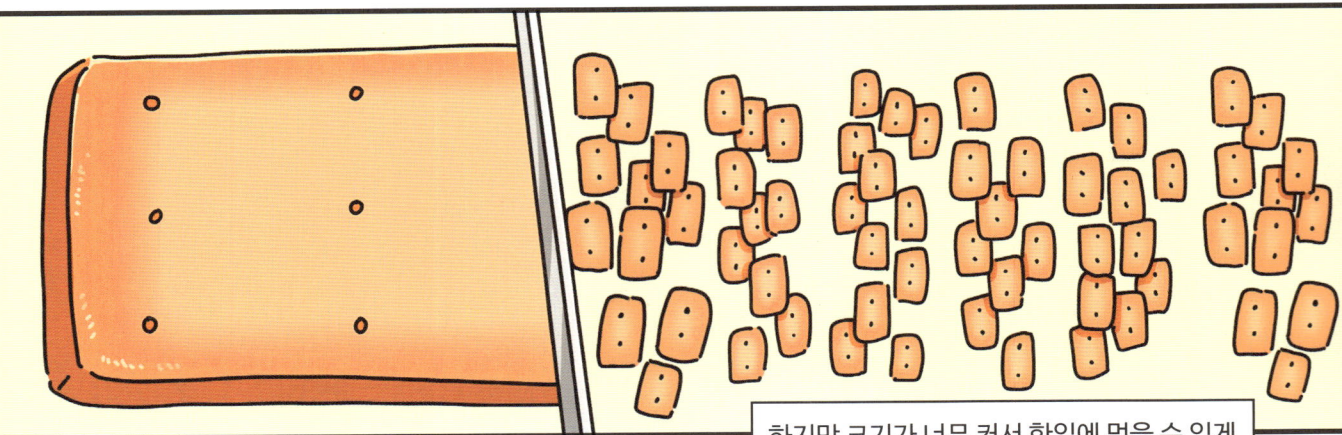

하지만 크기가 너무 커서 한입에 먹을 수 있게 모양을 바꿔 만들었어요.

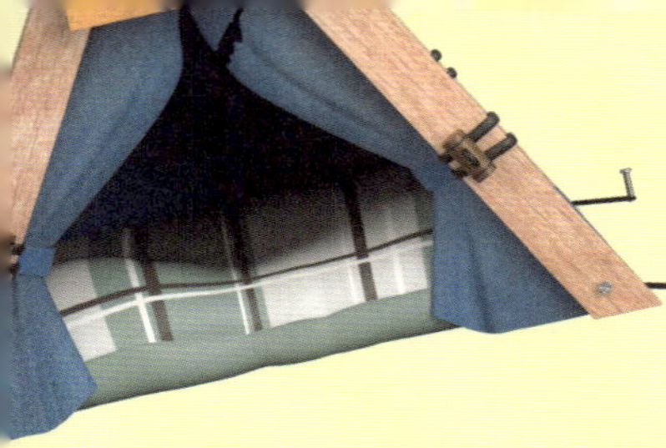

필수템을 찾아라!

사다리 게임으로 <브레드이발소> 주인공들의 필수품을 찾아봐요. 브레드, 윌크, 초코, 소시지, 마카롱에게 필요한 물건은 과연 무엇일까요?

건빵, 육포, 미숫가루의 공통점은?

딱딱하고 퍼석한 건빵, 얇게 저민 소고기를 바짝 말린 육포, 여러 가지 곡식을 찌거나 볶아서 빻은 미숫가루, 콩을 삶아 발효시킨 청국장…. 공통점이 없을 것 같은 이 음식들에는 커다란 공통점이 있어요. 바로 '전투 식량'이었다는 공통점이지요. 전투 식량은 전쟁이 났을 때 군인들이 간편하게 가지고 다니면서 먹을 수 있도록 만든 음식을 말해요.

건빵은 앞에서 설명한 것처럼 처음에는 긴 항해를 위해 오래 보관할 수 있는 음식으로 만들어졌다가 점차 군인들의 전투 식량으로 자리를 잡았어요. 또 육포는 원시 시대부터 자연스럽게 만들어진 것으로 여겨지는데, 고기를 바짝 말렸기 때문에 보관하기 쉬우면서도 영양가가 풍부해 오랜 기간 전투 식량으로 사용되었지요. 오늘날에는 주로 음료나 간단한 식사 대신으로 먹는 미숫가루 역시 오래 보관할 수 있고 가지고 다니기에 편리해서 조선 시대의 대표적인 전투 식량이었다고 해요. 청국장은 삶은 콩을 전투 식량으로 가지고 다니다가 콩이 발효되면서 만들어진 음식이랍니다.

▲ 육포

▲ 청국장

▲ 미숫가루

10장

+ 빵 자르기가 힘들어서 탄생한 +

식빵

여러분이 가장 자주 먹는 빵은 무엇인가요?

아마도 식빵일 거예요.

그런데 의외로 식빵의 역사는 100년 정도밖에 되지 않았답니다.

100년 전에 식빵을 최초로 만든 사람은 누구일까요?

1800년대 미국에서 보석상을 운영하던 로웨더라는 사람이 있었어요.

끝말잇기 게임

시작

케이크

☐☐☐☐

마 ☐

☐ 도

도 ☐ 비

☐☐ 감

감 ☐

☐ 백 꽃

국 ☐

수 ☐

☐☐

식빵으로 한입 핫도그 만들기

준비물 식빵, 치즈, 소시지, 달걀, 빵가루, 식용유, 설탕, 케첩, 머스터드소스

만드는 방법

❶ 식빵의 테두리를 잘라 내고 병이나 밀대로 밀어 주세요.

❷ 반으로 자른 식빵 위에 치즈와 소시지를 올리고 말아 주세요.

❸ 달걀을 풀어 ❷를 달걀물에 담가요.

❹ 빵가루 위에서 굴려 가며 빵가루를 골고루 입혀요.

❺ ❹를 기름에 튀기거나 오븐에 구워요.

설탕이나 케첩, 머스터드소스를 뿌려 주면 한입 핫도그 완성!

20, 21쪽

33쪽

44, 45쪽

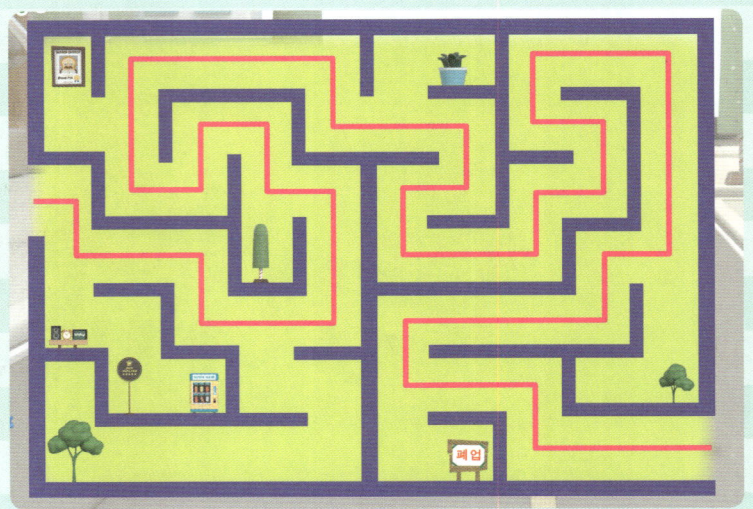

58, 59쪽

72, 73쪽

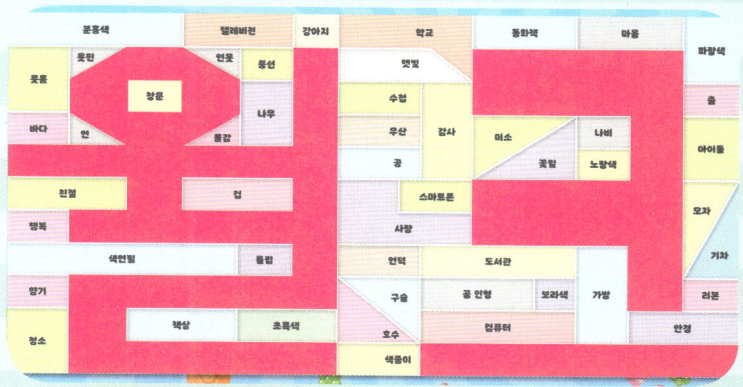

84, 85쪽

96, 97쪽

108, 109쪽

120, 121쪽

132, 133쪽

종이접기 1
색종이로 초승달 모양의 크루아상을 만들어 봐요.

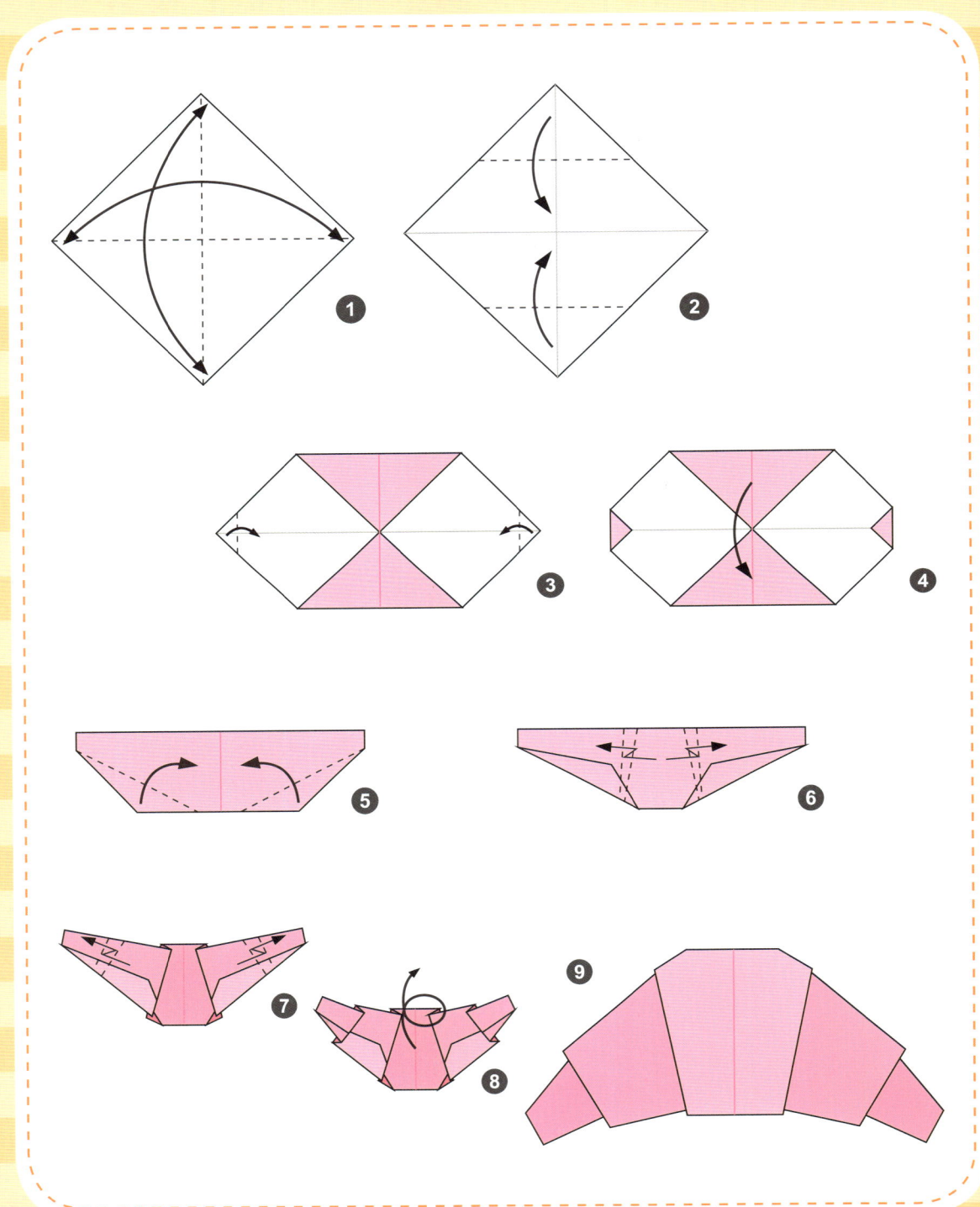

종이접기 2

색종이로 동글동글 도넛을 만들어 봐요.

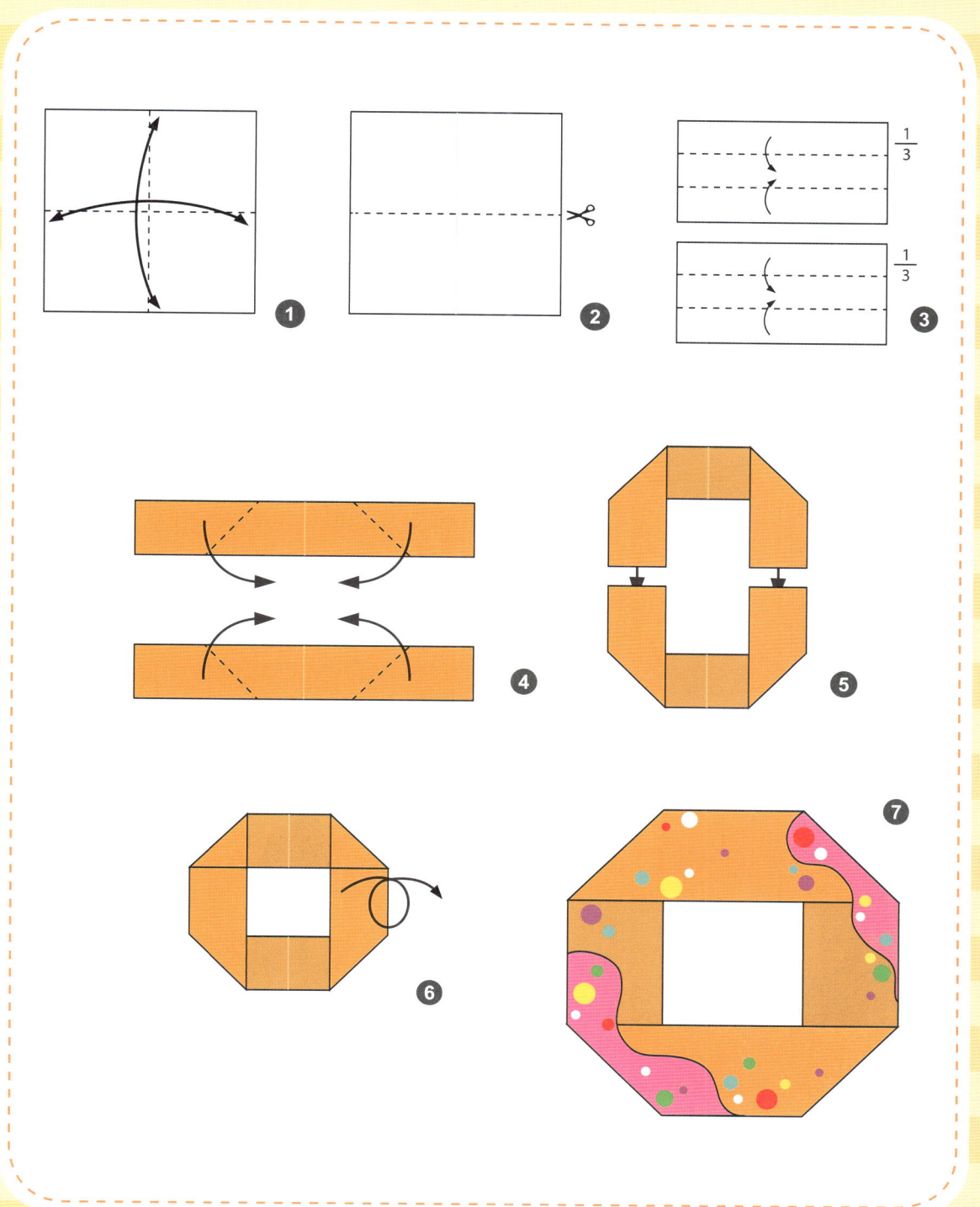

종이접기 3

색종이로 귀여운 붕어빵을 만들어 봐요.

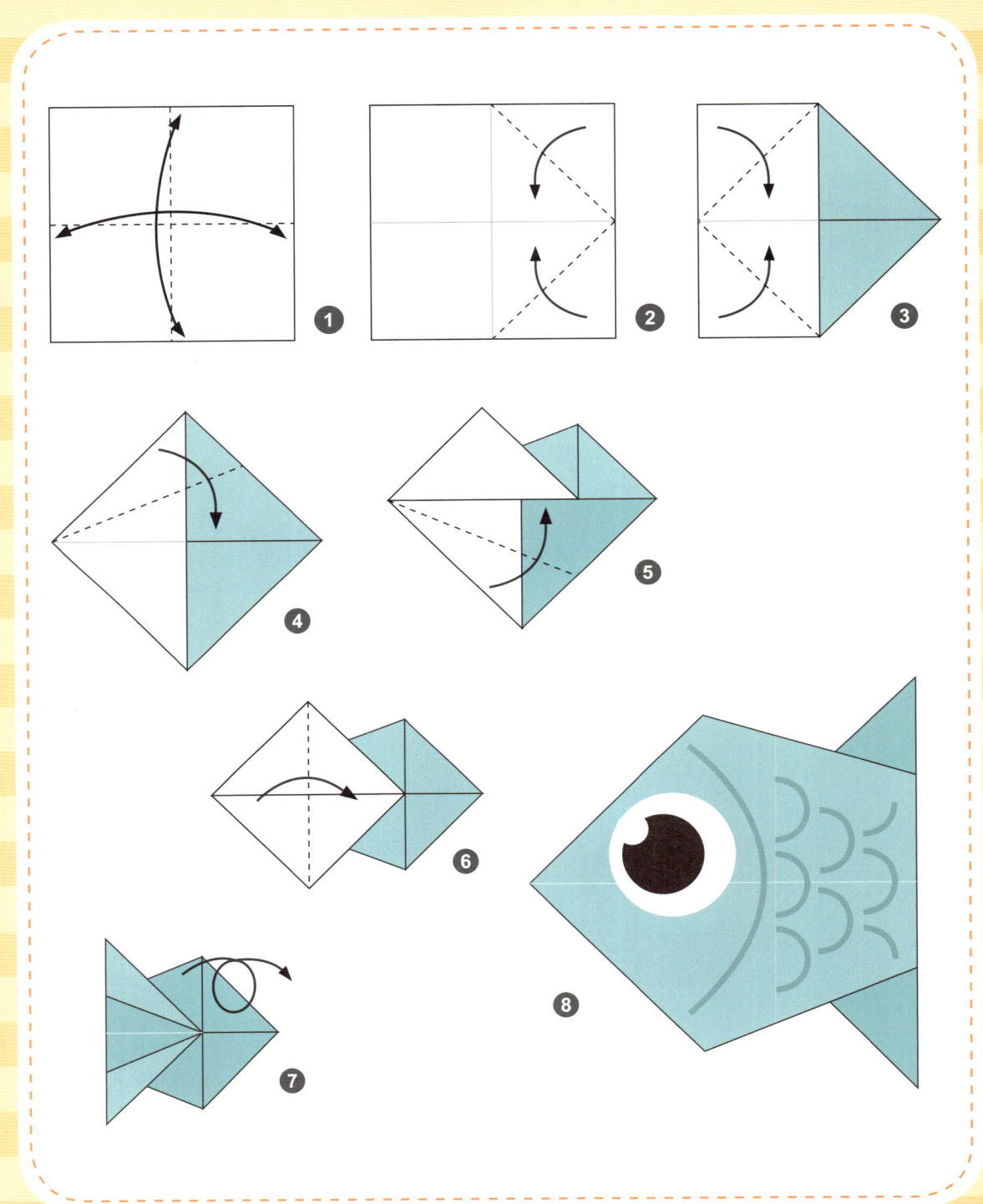

디저트 카드

단짠단짠 10가지 디저트 카드를 다양하게 활용해 보세요.

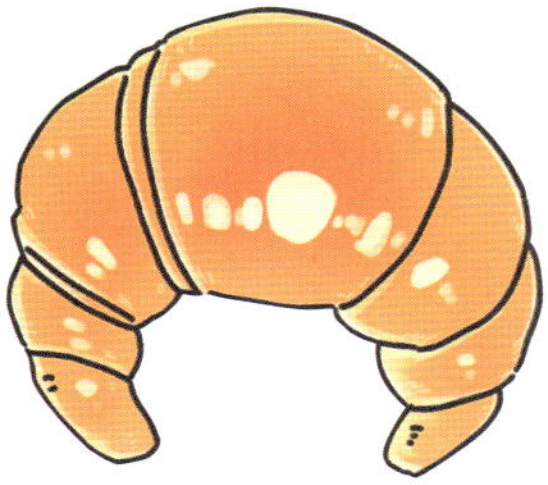

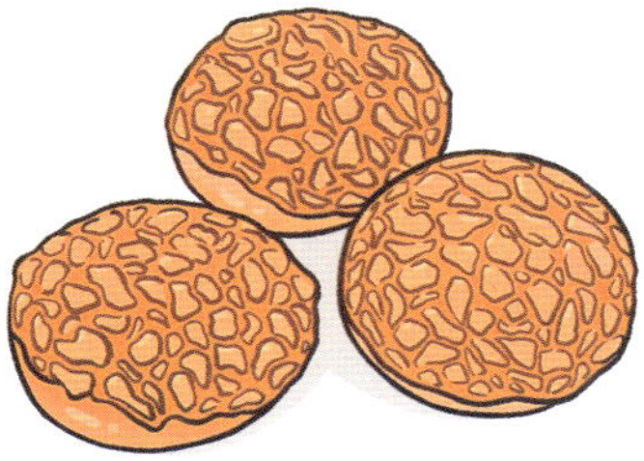

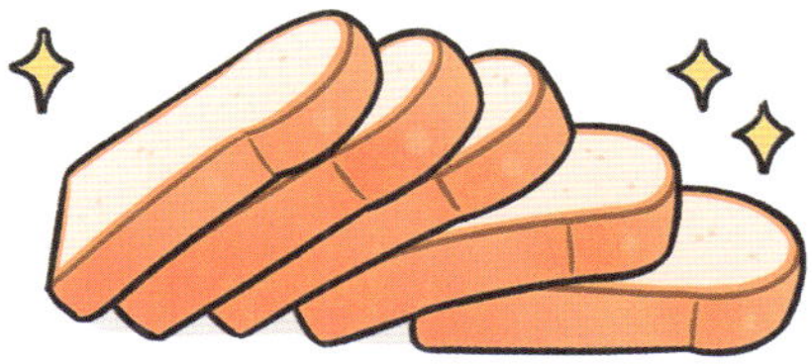

빵 • bread •  고소하고 담백하고 달콤한 세상의 모든 빵!	**베이글** • bagel •  크림 치즈와 함께 먹는 쫄깃하고 담백한 빵
파이 • pie •  바삭한 빵 속에 과일, 채소, 고기가 듬뿍!	**케이크** • cake •  부드러운 빵과 달콤한 크림, 화려한 토핑의 만남!
크루아상 • croissant •  초승달을 닮은 귀여운 모양에 바삭하고 부드러운 맛!	**도넛** • doughnut •  동그란 빵 한가운데 구멍이 뽕!
곰보빵 • gomboppang •  못생겨도 괜찮아! 달콤한 쿠키를 얹은 빵	**붕어빵** • bungeoppang (fish-shaped bun) •  재미있는 붕어 모양 안에 달콤한 팥이 가득!
건빵 • hardtack •  딱딱하고 밍밍하지만 왠지 계속 먹게 되는 고소함	**식빵** • plain bread •  부드럽고 쫄깃한 맛! 무엇이든 어울리는 담백한 기본 빵